GW01607071

TOON TELLEGEN

IS ER DAN NIEMAND BOOS?

MET ILLUSTRATIES VAN MARC BOUTAVANT

Amsterdam · Antwerpen
Em. Querido's Uitgeverij
2022

De klipdas

Elke avond, als de zon onderging, klom de klipdas op een klein heuveltje en riep: 'Niet ondergaan! Niet doen! Wil je dat wel eens laten! Ik waarschuw je!'

Hij zwaaide met zijn vuisten, sprong op en neer en kreeg tranen in zijn ogen van woede.

Maar de zon ging altijd onder.

Als het laatste stukje van de zon achter de horizon was verdwenen droogde de klipdas zijn tranen, schudde zijn hoofd en ging teleurgesteld naar huis.

Hij woonde in een klein, donker huis midden in de steppe. Hij kende niemand en niemand kende hem.

Als hij thuiskwam ging hij op zijn bed liggen, met zijn armen onder zijn hoofd, en vroeg zich af waarom de zon nooit deed wat hij vroeg. Hij zou toch wel één keer op kunnen blijven... Dat is toch niet te veel gevraagd?

Of zou ik nog bozer moeten worden? Zou ik hem ergens mee moeten dreigen? Dat ik hem een schop zal geven? Of dat ik ga verhuizen zodat hij voortaan helemaal voor niets schijnt?

Elke avond dacht hij urenlang over de zon na. Hij had ook wel naar de horizon willen gaan om de zon met zijn eigen handen tegen te houden. Of iets onder de horizon willen timmeren zodat de zon niet verder kon zakken. Maar hij was bang dat de zon te groot en te sterk voor hem zou zijn.

De zon is een verrader, dacht hij. De hele dag schijnen, zodat je denkt dat hij altijd blijft schijnen, en dan opeens ondergaan. Dat is verraad.

Pas diep in de nacht viel hij in slaap.

Als hij de volgende ochtend wakker werd scheen de zon altijd al en dacht de klipdas schamper: ja ja, zeker

berouw hè, dat kennen we... Hij zette een brede hoed op zijn hoofd, zodat hij de zon niet hoefde te zien, en ging naar buiten. Maar tegen de avond klom hij weer op het heuveltje, riep: ‘Wel ja! Ondergaan! Hou daar toch eens mee op!’ en ging hij weer onverrichter zake naar huis.

Zo leefde de klipdas. Tot hij schor was van het schreeuwen en moe van het stampvoeten.

Toen keek hij de zon alleen nog maar verwijtend aan, ’s avonds, op zijn heuveltje. Hij weet wat ik vraag, dacht hij. Hij weet dat hij mij één keer een plezier kan doen.

Eén keer op ontelbare keren… dat is toch niets? Maar hij luistert niet.

Hij schudde zijn hoofd. Trouwens, dacht hij, is er ergens wel iets wat luistert?

Overal om hem heen lag de steppe, de hemel was groot en leeg, en in de verte was het laatste restje van de zon achter de horizon verdwenen.

Zover de klipdas kon nagaan luisterde er niets.

De olifant

'Nu niet klimmen,' zei de olifant tegen zichzelf, op een middag toen hij onder de populier stond. Er zaten grote bulten op zijn achterhoofd, zijn rug en zijn neus.

Hij zette een voet op de onderste tak.

'Wat zei ik?' vroeg hij boos.

'Nu niet klimmen,' zei hij zachtjes.

'En wat doe je nu?'

'Klimmen.'

'Zet die voet terug!'

'Nee,' fluisterde hij en hij sloeg zijn ogen neer.

Het was stil en klam in het bos. De vlinder sliep in de

rozenstruik en laag in de lucht vloog de zwaluw heen en weer.

De olifant zette zijn andere voeten ook op de onderste tak van de populier.

'Nu word ik echt boos,' zei hij. 'Ga terug!'

Hij zweeg.

'Ga terug! Je hoort me toch wel? Hoeveel builen heb je al? Hoeveel moet je er nog bij krijgen? En wat wil je allemaal breken?'

'Niets,' fluisterde hij. 'Ik wil niets breken.'

'Je verstand heb je in elk geval wel al gebroken,' zei hij schamper.

'Ach, mijn verstand...' fluisterde hij en haalde voorzichtig zijn schouders op. 'Daar klim ik niet mee.'

Hij klom op de volgende tak en gaf zichzelf met zijn slurf een harde klap op zijn oren, en nog een.

'Je luistert niet!' schreeuwde hij. 'Ga terug!'

'Ik luister wel,' zei hij. 'Ik doe alleen niet wat je zegt. Ik wil klimmen.'

'Klimmen, klimmen...' Hij was zo boos dat zijn stem oversloeg.

Langzaam klom hij verder. Toen zuchtte hij diep en wanhopig.

'Verloren moeite,' zei hij.

'Wat is verloren moeite?' vroeg hij.

'Jij,' zei hij. 'Jij bent verloren moeite.'

'Ik ben al op de helft,' zei hij.

Hij zei niets meer en schudde alleen nog maar zijn hoofd.

Hij keek omhoog.

'De top!' riep hij. 'Daar is de top!'

Hij bereikte de top en keek om zich heen. Het bos lag onder hem en in de verte scheen de zon op de golven van de zee. Hij had nog nooit zoiets moois gezien.

Hij ging op één been staan, klapperde met zijn oren, stak zijn slurf omhoog en wilde van louter geluk een pirouette maken.

Maar hij struikelde.

Met groot geweld viel hij door de takken van de populier heen.

Nu zou ik kunnen denken: zie je wel... dacht hij, al vallend.

Maar dat denk ik niet. Dát denk ik niet. Nee. Hij zette zijn tanden op elkaar. Dat denk ik nooit.

Wat ben ik ook alweer? dacht hij, even later, terwijl hij door de laatste takken heen viel. O ja, verloren moeite.

Toen sloeg hij een gat in de grond en wist niet meer wat hij was of waar hij was. Een reusachtige buil verscheen op zijn achterhoofd, terwijl de takken en de bladeren van de populier boven op hem vielen.

De aardworm en de tor

'Ik ben heel boos,' zei de tor, op een avond in de winter.

'Maar ik ben nog veel bozer,' zei de aardworm.

Ze zaten naast elkaar in de schemering, onder de rozenstruik.

'O nee,' zei de tor. 'Daar is geen sprake van.'

'O nee?' riep de aardworm.

'Nee!' riep de tor.

Ze sprongen overeind en werden nog veel bozer. Hun hoofd en hun schouders werden rood van woede en algauw stonden er dieren om hen heen die hen met verbazing bekeken.

'Wat zijn dié boos...' zeiden ze.

'Maar ik ben het boost!' riep de tor.

'Ik! Ik!' riep de aardworm.

De dieren liepen om de tor en de aardworm heen, raakten voorzichtig hun woedende schouders aan, brandden hun vingers en veren, schudden hun hoofd en overlegden met elkaar.

Pas na lange tijd waren ze het met elkaar eens en zeiden ze: 'Jullie zijn allebei heel boos. Maar de tor is het boost.'

'Aha,' zei de tor. 'Dat wist ik wel.' Hij glimlachte tevreden en knikte naar alle kanten.

De aardworm begon nog heviger te razen en te tieren.

'Nee, ik ben het boost! Ik!' gilde hij.

De dieren deinsden achteruit of vielen achterover. Uit de ogen van de aardworm spatten vonken in het rond. Gras vloog in brand. En nog steeds werd de aardworm bozer en bozer.

De tor gluurde naar hem en dacht: dat is inderdaad wel erg boos... Hij krabde zich achter zijn oor. En toch ben ik nóg bozer, dacht hij. Dat zeiden ze toch?

Hij schraapte zijn keel en begon zo boos te krijsen als nog nooit iemand had gekrijst.

De dieren weken nog verder uiteen en holden ten slotte weg.

'Ja,' zeiden ze angstig tegen elkaar. 'De tor is echt het boost.'

'Ja!' krijste de tor en hij glimlachte niet meer.

Stampvoetend en krijsend stonden de tor en de aardworm naast elkaar, midden in het bos.

Het werd donker. Nevelflarden kropen tussen de struiken omhoog. De maan kwam op. Het duurde uren voordat de tor en de aardworm niet meer boos waren.

Toen bliezen ze op elkaars schouders en gaven er vervolgens een klein, vriendelijk klopje op.

'Jij was ook heel boos, aardworm,' zei de tor.

'Maar jij was het boost,' zei de aardworm.

'Ach...' zei de tor en hij sloeg verlegen zijn ogen neer.

Even later gingen ze naar het huis van de aardworm om iets zwarts te eten. De maan kwam op en af en toe kraakte er een tak in een boom of in het nevelige struikgewas. Het was een kalme nacht.

Het aardvarken

Op een middag liep de eekhoorn door het struikgewas niet ver van de rivier.

'Eekhoorn,' hoorde hij roepen.

Hij keek om zich heen. Eerst zag hij niets. Toen zag hij twee benen die zwaaiden of spartelden – hij kon niet goed uitmaken wat ze deden.

'Wie is daar?' vroeg hij.

'Ik,' zei een stem. 'Het aardvarken. Haha!'

De eekhoorn duwde het struikgewas opzij en zag het aardvarken. Hij stond op zijn hoofd en lachte.

Verbaasd bleef de eekhoorn voor hem staan en vroeg: 'Waarom sta je op je hoofd?'

'Nou,' zei het aardvarken, 'omdat dat leuk is natuurlijk.' Hij lachte weer en zwaaide met zijn benen. 'Het is niet voor niks, als je dat soms denkt.'

'Nee,' zei de eekhoorn. 'Maar als je op je benen staat...'

'Dan ben ik boos,' zei het aardvarken. Hij stikte bijna van het lachen. 'O , wat ben ik dán boos, eekhoorn...'

'Altijd?' vroeg de eekhoorn.

'Altijd,' zei het aardvarken. 'Zet me maar op mijn benen.' Hij knikte de eekhoorn zo goed en zo kwaad als dat ging vrolijk toe.

De eekhoorn aarzelde, maar hij kon niet geloven dat het aardvarken zomaar, zonder reden, boos kon worden als hij weer op zijn benen stond.

Hij pakte hem bij zijn middel en draaide hem om.

Onmiddellijk begon het aardvarken te schreeuwen en zijn ogen vuur te laten schieten.

'Zo!' riep hij woedend. 'Daar ben je dus. De verschrikkelijke eekhoorn.'

De eekhoorn deinsde achteruit, maar het aardvarken stormde op hem af en probeerde hem omver te lopen.

Het is zo, dacht de eekhoorn.

Er volgde een worsteling. Het aardvarken gaf de eekhoorn een klap, maar hij gaf zichzelf in zijn woede

een paar nog veel hardere klappen, en hij riep de ene verwensing na de andere naar de eekhoorn.

Met veel moeite lukte het de eekhoorn om het aardvarken bij zijn achterpoten te pakken en weer op zijn hoofd te zetten.

'Haha,' gierde het aardvarken. 'Wat leuk! Wat leuk! Zag je hoe boos ik was?'

De eekhoorn zat hijgend op de grond en kon een tijd lang niets zeggen. Het aardvarken spartelde met zijn benen en riep: 'Hoe vrolijker hoe beter! Boos is niks hè, eekhoorn?'

De eekhoorn stond op en sloeg het stof van zijn schouders en zijn staart.

'Moet je altijd zo blijven staan?' vroeg hij.

'Altijd,' lachte het aardvarken. 'Maar móéten? Nee, wíllen.'

De eekhoorn zweeg.

'Want anders,' gierde het aardvarken en hij trommelde van plezier met zijn voorpoten op zijn buik zodat hij bijna omviel, 'zijn de gevolgen niet te overzien.'

De eekhoorn besloot weer door te lopen en groette het aardvarken.

'Haha,' lachte het aardvarken. 'Je gaat weer.'

'Ja,' zei de eekhoorn.

Ernstig liep hij verder, het struikgewas uit, in de richting van de rivier.

'Niet te overzien!' hoorde hij het aardvarken nog bulderend van het lachen roepen. 'Dan zijn ze niet te overzien!'

Toen hoorde hij een klap, alsof er iemand viel, en versnelde hij zijn pas.

De muis

De kreeft klopte op de deur van de muis.

'Ja?' zei de muis.

De kreeft stapte naar binnen. Hij had een koffer bij zich, die hij op tafel zette.

'Ik ben de kreeft,' zei hij. 'Wilt u wat boosheid?'

'Boosheid?' vroeg de muis, die de kreeft wel kende.

'Ja,' zei de kreeft korzelig. 'Boosheid. U wilt toch wel eens boos zijn?'

'Ja,' zei de muis. 'Maar als ik boos wil zijn, dan ben ik ook boos. Dat gaat vanzelf.'

'Maar wel altijd met de goede boosheid?' vroeg de kreeft terwijl hij de muis onderzoekend aankeek.

De muis aarzelde.

'Nee,' zei de kreeft. 'Niet met de goede boosheid dus.'

Hij maakte de koffer open.

'Ik zal u laten zien wat ik allemaal heb.'

Het was een donkere koffer en de kreeft haalde een voor een verschillende soorten boosheid tevoorschijn.

'Staat er wel eens iemand op uw tenen bij het dansen?' vroeg hij.

'Ja,' zei de muis.

'Dan heb ik hier een lichte boosheid, die even snel

weer overgaat als hij opkomt,' zei de kreeft. Hij liet een dunne, lichtrode boosheid zien. 'Een heel mooie boosheid,' zei hij.

Hij keek de muis even aan en vroeg: 'Hebt u wel eens iets thuis vergeten als u op reis bent?'

'Ja, heel vaak,' zei de muis. 'Hoe weet u dat?'

'Dan heb ik hier de ergernis die daarbij past,' zei de kreeft.

Er kwam een rimpelige, grijze ergernis uit de koffer.

De muis knikte. Het was inderdaad de ergernis die paste bij iets vergeten hebben.

'Ik heb zo'n soort ergernis al,' zei hij.

De kreeft liet ook nog paarse woede zien, een groenachtige kwaadheid en sneeuwwitte razernij.

Onder in de koffer lag iets lichtblauws.

'Wat is dat?' vroeg de muis.

'Dat is geen boosheid,' zei de kreeft. Hij kuchte even.

'Dat is verdriet. Dat verkoop ik niet. Maar omdat u het bent…'

'Geeft u dat maar,' zei de muis.

'Het is eigenlijk weemoed,' zei de kreeft. 'Het is meer dan verdriet.'

Hij gaf de muis de lichtblauwe, half doorzichtige weemoed, deed de koffer dicht en vertrok weer.

De muis ging voor zijn raam zitten. Hij sloeg de weemoed om zich heen en keek naar de verte.

Het was een warme, windstille ochtend in het begin van de zomer.

'Ach…' zei de muis en hij zuchtte diep.

De egel

SETTIANA
ROSA
NOISEFIC

De egel zat onder de rozenstruik en dacht na over alles wat hij wel eens was geweest.

Ik ben wel eens vrolijk geweest, dacht hij. Op de verjaardag van de eekhoorn bijvoorbeeld, toen ik danste met de krekel. En ik ben wel eens verdrietig geweest. Toen het zo hard woei dat al mijn stekels van mijn rug woeien. Die keer. Toen was ik heel verdrietig. En ik ben ook wel eens tevreden geweest. Nu ben ik tevreden.

Hij knikte en keek om zich heen. Het was zomer, hij was tevreden en hij dacht na. Nadenken, dat deed hij het liefst. Nadenken over niets en over alles, over niemand en over iedereen, het maakte niet uit.

Maar ben ik wel eens boos geweest? dacht hij. Hij dacht heel diep na, maar hij kon zich niet herinneren dat hij ooit boos was geweest.

Misschien moet ik dat eindelijk maar eens worden,

dacht hij. Hij wilde heel graag alles zijn geweest, al was het maar één keer.

Het was laat in de middag en de egel kneep zijn ogen dicht. Hoe word je eigenlijk boos? dacht hij. Hij wist dat niet.

Hij had wel eens boze dieren gezien. Hij had ze zien stampvoeten en schuimbekken, hij had ze zien bijten, steken en slaan, en hij had ze horen razen en krijsen. Maar dat waren allemaal dingen die hij niet kon, dat wist hij zeker.

Hij fronste zijn voorhoofd. Dát heb ik wel eens eerder

gedaan, dacht hij. Hij krabde tussen de stekels achter zijn oor. Dat ook, dacht hij.

Het was al bijna avond toen hij ten slotte dacht dat hij misschien wel nooit boos zou worden. Wat erg, dacht hij.

Plotseling schoot hem iets te binnen. Weet je wat? dacht hij. Als ik het schrijf dan ben ik het ook. Want als ik schrijf: 'Ik ben tevreden', dan ben ik ook tevreden. Anders zou ik het niet schrijven. Als ik onder een brief

schrijf: 'De egel', dan ben ik ook de egel. Hij knikte. Ik ben altijd wat ik schrijf.

Hij pakte een stuk berkenschors en schreef:

Ik ben boos.

Hij las zijn woorden en schudde zijn hoofd van verbazing. Zo zo, dacht hij, nu ben ik dus boos. Wat eigenaardig! Hij probeerde heel precies te voelen wat hij voelde, las zijn woorden nog een paar keer over en schudde zijn hoofd opnieuw.

Het is het raarste gevoel dat ik ooit heb gehad, dacht hij. Het lijkt nergens op. Maar hij was wel blij dat hij nu eindelijk eens boos was.

Nu ben ik dus boos en blij, dacht hij. En ook nog verbaasd. Ik ben dus heel veel tegelijk.

Op dat moment stak de wind op en rukte het stuk schors uit zijn hand.

'Hola!' riep de egel. 'Geef terug!

Het is geen echte brief!' Want hij wilde niet dat iemand las wat hij had geschreven. Als ze weten dat ik boos ben... dacht hij, dan... dan... Hij wist niet wat er dan zou gebeuren, maar het was vast iets verschrikkelijks.

De wind gierde en loeide en hoorde hem niet. Hij dacht dat het stuk schors een echte brief was en sleepte hem mee, de lucht in. Er stond niet in aan wie de brief gericht was en ook niet van wie hij afkomstig was. De wind liet hem lange tijd rondvliegen, hoog boven het bos. Ten slotte verscheurde hij hem en liet de snippers naar beneden dwarrelen.

De egel zat toen al verder na te denken, in de schemering, onder de rozenstruik. Boos ben ik nu dus geweest, dacht hij. Maar ben ik wel eens onvoorzichtig geweest? Hij kneep zijn ogen half dicht. Misschien ben ik het nu wel... Misschien ben ik zelfs wel roekeloos nu.

De nacht viel en tevreden, wat hij het liefst was, rolde de egel zich op en dacht niet langer na.

De spitsmuis

Op een ochtend heel vroeg klopte de spitsmuis op de deur van de eekhoorn.

'Ja?' zei de eekhoorn.

'Eekhoorn,' zei de spitsmuis. 'Zal je niet boos worden? Ik ben het, de spitsmuis.'

'Ik slaap nog,' zei de eekhoorn.

'Betekent dat dat je boos bent?' vroeg de spitsmuis.

'Nee,' zei de eekhoorn.

'Word je ook niet boos als ik binnenkom?' vroeg de spitsmuis.

'Nee,' zei de eekhoorn.

De spitsmuis stapte naar binnen en de eekhoorn kwam uit zijn bed.

'Ik was gisteren jarig,' geeuwde hij.

'Dat wist ik,' zei de spitsmuis, 'daarom ben ik vandaag gekomen. Ik heb ook geen cadeau bij me. Nu word je vast boos.'

'Nee hoor,' zei de eekhoorn. 'Wil je een stuk taart? Ik heb nog een halve kastanjetaart over.'

De spitsmuis ging aan tafel zitten en at van de taart die de eekhoorn voor hem neerzette.

'Eekhoorn,' zei hij na twee happen, 'ik denk dat je nu wel boos wordt, maar ik moet iets zeggen. Ik vind die taart niet lekker. Hu! Wat een vieze taart.' Hij duwde de taart van zich af en rilde. 'Nu móét je boos zijn!'

'Iedereen vond hem heel lekker,' zei de eekhoorn terwijl hij opstond. Hij veegde de rest van de taart bij elkaar, snoof er even aan en knikte.

'Ik denk,' zei de spitsmuis, 'dat iedereen hem afschuwelijk vond en dat niemand ooit zo'n afschuwelijke taart had geproefd. Met lange tanden

hebben ze gegeten. En met heel veel moeite hebben ze hun gezicht niet vertrokken bij zo'n smerige taart. Uit beleefdheid, eekhoorn. Uit zuivere beleefdheid.' Hij zwaaide met een vinger en keek de eekhoorn met gloeiende ogen aan. 'Je moet het trouwens wel eerlijk zeggen als je boos wordt,' ging hij verder. 'Het is heel erg als je dat niet doet. Dat is smadelijk, eekhoorn.'

Maar de eekhoorn schudde zijn hoofd. Hij was niet boos en ging weer aan de tafel zitten. Bovendien wist hij niet wat smadelijk was.

De spitsmuis sloeg zijn ogen neer en liet zijn schouders zakken.

Zwijgend zaten ze een tijd tegenover elkaar. De spitsmuis krabde aan de tafel en schraapte af en toe zijn keel. 'Weet je,' zei hij toen, 'ik wil je nog iets zeggen. Vind je dat goed?'

'Ja,' zei de eekhoorn.

'Ik vind het hier niet gezellig,' zei de spitsmuis. 'Helemaal niet. En ik zit ook niet gemakkelijk. Nu ben je wel boos!'

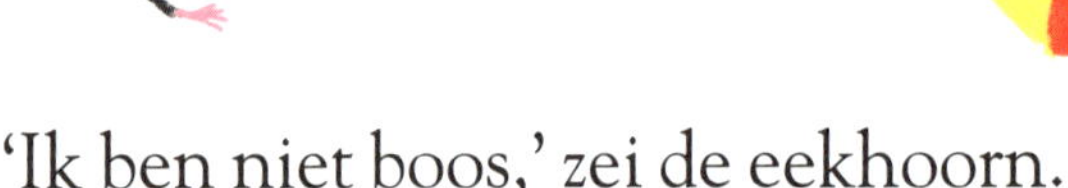

'Ik ben niet boos,' zei de eekhoorn.

'Je bent wel boos!' riep de spitsmuis. Hij sprong op de tafel. 'Je bent verschrikkelijk boos! Ontkennen helpt niet! Dat helpt nooit!'

'Ik ben niet boos,' zei de eekhoorn.

De spitsmuis liep met vlugge passen op de tafel heen en weer, gaf de lamp een duw, zodat hij tegen het plafond botste en brak, stapte op een bord en twee kopjes, trapte de scherven van de tafel en riep: 'Je bent het wel! Je bent het wel! Je bent het wel!' Hij probeerde te krijsen, ook al kon hij dat niet.

De eekhoorn leunde ondertussen achterover in zijn stoel en somde in zijn gedachten alle dieren op die op zijn verjaardag waren geweest en dacht eraan hoe ze hadden gedanst en gegeten en allemaal hadden gezegd dat het heel gezellig was en pas laat in de avond naar huis waren gegaan, de mier het laatst.

De spitsmuis verstapte zich, struikelde en viel met zijn hoofd naar beneden op de grond naast de tafel tussen de scherven van de lamp, het bord en de twee kopjes. Hij had een buil op zijn voorhoofd en er kwam wat bloed uit zijn neus, maar hij piepte niet. Hij stond op, sloeg het stof van zijn schouders en zei: 'Kom, ik ga weer eens.'

'Jammer,' zei de eekhoorn.

'Jammer?' vroeg de spitsmuis en hij keek de eekhoorn onderzoekend aan. 'Is dát boos? Moet ik blijven?'

De eekhoorn dacht even na en zei langzaam en nadrukkelijk: 'Ik – ben – niet – boos.'

'Dan ga ik echt,' zei de spitsmuis somber. Hij ging de deur uit.

Toen hij even later op de grote tak van de beuk stond draaide hij zich om. Zijn voorhoofd en zijn neus waren blauw en dik en hij zei: 'Ik denk dat ik nooit meer terugkom, eekhoorn.'

'O,' zei de eekhoorn.

De spitsmuis wachtte even en zei toen: 'Ben je nu blij?'

De eekhoorn stond in zijn deur en moest heel lang en heel diep nadenken. 'Nee,' zei hij toen.

De spitsmuis zuchtte en zonder verder iets te zeggen klom hij langs de beuk naar beneden en verdween in het bos.

Het nijlpaard en de neushoorn

Midden in het bos kwamen het nijlpaard en de neushoorn elkaar tegen. Het was een smal weggetje waarop ze liepen en ze konden elkaar niet passeren.

'Ik ga niet opzij,' zei het nijlpaard.

'Ik ook niet,' zei de neushoorn.

Ze keken elkaar aan.

'Wat nu?' vroeg het nijlpaard.

'Ja, wat nu,' zei de neushoorn.

Het was midden op de dag. De zon scheen tussen de bladeren van de bomen naar beneden en in de verte ruiste de rivier.

'Laten we even gaan zitten,' zei het nijlpaard.

'Dat is goed,' zei de neushoorn.

Ze gingen op het pad zitten en dachten na.

'Ik ga in elk geval niet opzij,' zei het nijlpaard zo nu en dan, voor alle zekerheid. 'Als je dat maar niet denkt.'

'Ik ook niet,' zei de neushoorn. 'Als jij dat ook maar niet denkt.'

'We zóúden boos kunnen worden,' zei het nijlpaard, na een lange stilte, 'en op elkaar af kunnen stormen.'

'Dat zou kunnen,' zei de neushoorn.

'Een van ons moet dan opzijgaan. Dat kan niet anders.'

'Ja.'

'Maar dat ben ik in elk geval niet,' zei het nijlpaard. Hij stond op en probeerde zo vervaarlijk mogelijk te kijken.

'Ik dan soms wel?' zei de neushoorn dreigend terwijl hij ook opstond.

'Nee,' zuchtte het nijlpaard en hij ging weer zitten.

Een lange tijd was het stil.

'Heb jij soms trek in wat zoet gras?' vroeg het nijlpaard toen.

'Nou en of,' zei de neushoorn.

Het nijlpaard had een pot met gesuikerd gras bij zich. Die aten ze samen op. Daarna vertelden ze elkaar waarheen ze op weg waren.

'Maar we gaan niet opzij voor elkaar,' zei het nijlpaard.

'O nee,' zei de neushoorn. 'Dat doen we niet.'

Ze sloegen elkaar vrolijk op de schouders en maakten

zelfs een paar danspassen, op het smalle weggetje, midden in het bos. Maar zonder om elkaar heen te draaien. Dat hielden ze goed in de gaten.

'Wat dansen we mooi,' zei het nijlpaard.

'Gloedvol,' zei de neushoorn.

'Ja, gloedvol,' zei het nijlpaard.

Toen het schemerig werd besloten ze maar naar huis te gaan.

'Dag nijlpaard,' zei de neushoorn.

'Dag neushoorn,' zei het nijlpaard.

Ze draaiden zich om.

'Maar als ik je weer tegenkom ga ik weer niet opzij,' zei het nijlpaard nog.

'Ik ook niet,' riep de neushoorn. 'Dat beloof ik je!'

Toen liepen ze elk een andere richting uit naar huis. Ze probeerden tussen hun tanden te fluiten en maakten af en toe nog even, alleen, een van de danspassen die ze samen op het midden van het weggetje hadden gemaakt.

De eekhoorn en de mier

'Als ik zeg dat ik op reis ga,' vroeg de mier aan de eekhoorn, 'word jij dan verdrietig?'

Ze zaten aan de oever van de rivier en keken naar de overkant. Het was zomer, de zon stond hoog in de lucht en de rivier glinsterde.

'Ja,' zei de eekhoorn, 'dan word ik verdrietig. Maar als ik dan zeg dat je niet mag gaan, word jij dan boos?'

'Ja,' zei de mier, 'dan word ik boos. Maar als ik dan zeg dat ik toch ga en dat je me niet kunt tegenhouden, word jij dan heel verdrietig?'

'Ja,' zei de eekhoorn, 'dan word ik heel verdrietig.' Hij leunde achterover en kneep zijn ogen dicht. 'Maar als ik dan iets verzin,' ging hij verder, 'waardoor je niet wilt gaan, word jij dan heel boos?'

'Wat verzin je dan?' vroeg de mier.

'Ja...' zei de eekhoorn. 'Dat verzin ik als jij zegt...'

'Ik wil het nu weten!' riep de mier.

'Maar ik heb het nog niet verzonnen,' zei de eekhoorn.

‘Dan ga ik nu weg,’ zei de mier.
De eekhoorn werd verdrietig en zei: ‘Je mag niet gaan.’
De mier werd boos en zei: ‘Ik ga toch.’ Hij deed alvast een stap.

De eekhoorn zweeg en leunde achterover.
Een tijd lang gebeurde er niets.
‘Nou?’ vroeg de mier toen. ‘Wat verzin je nu?’
Maar de eekhoorn schudde zijn hoofd. ‘Je bent nog niet weg,’ zei hij.
‘Maar ik ga echt, hoor,’ zei de mier. Hij liep een eind weg. Na elke twee stappen keek hij om.
‘En?’ vroeg hij telkens. ‘Heb je het al verzonnen?’
Maar de eekhoorn schudde elke keer zijn hoofd. Hij vond dat heel moeilijk, want hij wist niet zeker of de

mier misschien niet opeens zou gaan hollen en dan zou doorhollen tot hij zó ver weg was dat hij nooit meer zou kunnen terugkomen. Maar hij zei niets.

De mier liep steeds verder en werd heel klein. Zijn stem kwam nog maar in flarden bij de eekhoorn: 'Iets verzonnen... al... hoorn...'

De eekhoorn kon hem ten slotte niet meer zien.

Nu is hij echt weg, dacht hij. Nu is hij echt helemaal weg. Er prikte iets in zijn ogen. Tranen, dacht hij.

Maar plotseling verscheen er een stofwolk aan de horizon. Met grote snelheid kwam de mier aanhollen.

Enkele ogenblikken later stond hij voor de eekhoorn.

'Nu móét je het zeggen,' zei hij, buiten adem. Hij keek de eekhoorn doordringend aan en zwaaide met een vinger vlak voor zijn ogen. De stofwolk zakte langzaam naar de grond.

Nu moet ik het zeggen, dacht de eekhoorn en hij verzon iets.

De pad

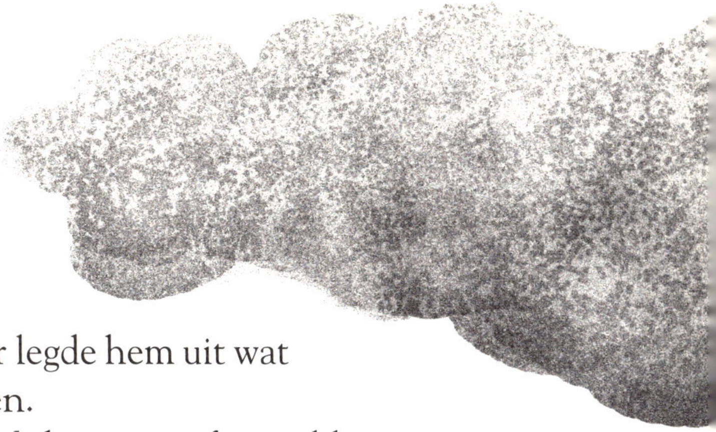

De pad was boos en de mier legde hem uit wat hij met zijn boosheid kon doen.

Hij kon hem wegblazen, zoals hij een stofje wegblies. De mier blies wat denkbeeldige boosheid van zijn schouder.

Hij kon hem ook in stukken breken en verpulveren.

Hij kon hem begraven en er een rotsblok op leggen.

'Een rotsblok?' vroeg de pad. 'Hoe moet ik daaraan komen? En trouwens: ik ben niet goed in tillen.'

'Een klein rotsblok is genoeg,' zei de mier.

'Een heel klein rotsblok dan,' mompelde de pad.

Hij kon zijn boosheid ook vergeten, ging de mier verder.

En hij kon ook een muur om hem heen bouwen.

'Het moet wel een hoge muur zijn, pad,' zei de mier, 'waar je niet overheen kunt klimmen.'

'Of springen,' zei de pad.
'Of springen,' zei de mier.
Hij kon volgens de mier zijn boosheid ook opeten.
'Opeten?' vroeg de pad.
'Ja,' zei de mier. 'Dat kan ook. Als je hem maar vlug doorslikt, want op iets smakelijks moet je niet rekenen.'

'Nee,' zei de pad.
Hij kon zijn boosheid ook zo goed verstoppen dat hij hem nooit meer zou kunnen terugvinden.
Hij kon hem laten wegdrijven naar zee en in de branding laten uitwoeden.
Hij kon hem laten verschrompelen tot hij hem niet meer zou kunnen zien.
Hij kon hem wegzingen.
'Wegzingen?' vroeg de pad. 'Wat is dat?'

'Nou ja,' zei de mier. 'Laat dat maar. Het kan wel. Maar het is tamelijk ingewikkeld om dat uit te leggen.'

'O,' zei de pad.

Hij kon zijn boosheid ook weggeven aan iemand die graag eens heel erg boos wilde zijn.

Hij kon hem uitlachen.

De pad knikte. Dat wilde hij wel.

'Nee,' zei de mier. 'Dat kan je beter toch maar niet doen, pad.'

'Dat is goed,' zei de pad.

Hij kon hem in elkaar proppen tot hij rond was en hem dan wegtrappen.

Hij kon hem oververven in een andere kleur.

Hij kon met hem dansen.

'Met mijn boosheid dansen?' vroeg de pad verbaasd.

'Ja,' zei de mier. 'Daar kan boosheid namelijk niet tegen. Dan kwijnt hij weg.'

'Wegkwijnen...' zei de pad peinzend en hij probeerde zich dat voor te stellen.

Hij kon hem ook koesteren.

'Koesteren?' vroeg de pad en hij zette grote ogen op.

'Ja, dat kan ook,' zei de mier. Hij zuchtte en zijn stem klonk korzelig. 'Laat mij toch uitpraten,' zei hij.

'Dat is goed,' zei de pad.

Hij kon zijn boosheid ook laten smelten en vervolgens laten verdampen.

Hij kon hem wegjagen.

Hij kon hem ook wegdenken.

De mier zweeg.

Het was een tijd stil.

'Wat zal ik doen?' vroeg de pad, die nog steeds boos was.

'Ik zou hem weggooien,' zei de mier.

'Dat is goed,' zei de pad en hij gooide zijn boosheid weg.

Daarna aten ze zoete dovenetels en spraken over de tevredenheid, waar je, volgens de mier, nooit iets mee moest doen.

'O nee?' vroeg de pad,

'Nee,' zei de mier.

De tor en de krekel

De tor legde aan de krekel uit hoe hij boos moest worden.

'Nee,' zei hij. 'Niet je ogen dichtdoen. Juist openhouden en laten fonkelen. Kijk zo.' Hij liet zijn ogen fonkelen.

'O,' zei de krekel. 'Zo.' Hij probeerde zijn ogen te laten fonkelen.

'Ja,' zei de tor. 'Dat is al beter.' Hij deed een stap naar voren. 'En nu dreigend vooroverleunen.'

De krekel leunde voorover.

'Goed,' zei de tor. 'Het kan misschien nog iets dreigender. Maar het is wel goed.' Hij fronste zijn voorhoofd, keek de krekel aan en ging verder: 'Maar het belangrijkste is dat je ook echt boos bent. Ik bedoel: dat je echte boze gedachten hebt.'

'Ik heb geen boze gedachten,' zei de krekel. 'Ik heb nooit boze gedachten.'

'Dan moet je ze verzinnen,' zei de tor. 'Dat is moeilijk, maar het kan.'

De krekel probeerde boze gedachten te verzinnen.

Hij leunde wel goed en tamelijk dreigend voorover en liet zijn ogen fonkelen, maar hij kon geen boze gedachten verzinnen.

'Die heb ik nog nooit verzonnen,' zei hij na een tijd.

'Wat kan je dan wel verzinnen?' vroeg de tor.

'Nou... honing en distels en mooi weer... dat kan ik

allemaal heel goed verzinnen.' Zijn ogen glinsterden toen hij dat zei.

De tor zuchtte. 'Daar heb je niets aan,' zei hij.

'Wat nu?' vroeg de krekel.

'Denk maar dat je boos op mij bent,' zei de tor. 'Ik heb je verjaardag in de war gegooid, op je tenen gestaan, je vleugels gekneusd, gezegd hoe verschrikkelijk lelijk je bent, krekel, en hoe afschuwelijk je tsjirpt... begin daar maar mee.'

De krekel leunde nog iets dreigender voorover, liet zijn ogen nog iets vuriger fonkelen en dacht dat de tor op zijn verjaardag al zijn taarten omvergooide, met hem danste en op zijn tenen sprong, en tegen iedereen riep dat hij, de krekel, toch lelijk tsjirpte... 'Lelijk! Lelijk!...'

Hij voelde heel geleidelijk een grote boosheid in zich opkomen en plotseling gaf hij de tor een enorme draai om zijn oren.

'Zo!' riep hij. 'Die is voor jou!'

De tor viel om en bleef op zijn rug liggen.

'Heel goed,' huilde hij. 'Heel goed, krekel.'

Hij kon zich niet goed omdraaien.

De krekel was al zijn boze gedachten weer vergeten en tilde de tor op.

'Het spijt me,' zei hij en hij keek de tor met grote ogen aan.

'Het spijt me?' huilde de tor. 'Het spijt me?? Dank je wel, tor! Dat moet je zeggen. Hartelijk bedankt, tor!'

'Dank je wel, tor,' zei de krekel.

De tor maakte een gebaar met zijn hoofd dat betekende dat de krekel maar moest doorlopen.

De krekel knikte, nam een aanloop en vloog weg.

'Hartelijk bedankt, tor!' hoorde hij de tor nog achter zich snikken. 'Hartelijk bedankt, hoor!'

'Hartelijk bedankt, tor!' riep de krekel.

'Ja!' schreeuwde de tor.

De verdwijning van de boosheid

Op een dag was alle boosheid weg.

Het was in de zomer.

Het nijlpaard botste tegen de egel, maar ze werden geen van beiden boos. De schildpad zei tegen de slak dat hij er zo gehaast uitzag, maar de slak werd niet boos. De mier at een taart op die voor de beer was bestemd, maar de beer werd niet boos.

De olifant werd niet boos op zichzelf toen hij niet uitkeek, tegen de eik aan liep en met een harde klap op de grond viel, en de kikker werd niet boos op de reiger toen de reiger hem weer eens opat.

Het was een vreemde dag.

Dieren die pijn voelden omdat ze ergens tegenaan liepen werden niet boos. Anderen die over zichzelf treurden gaven zichzelf geen draai om hun oren en zeiden niet tegen zichzelf: 'Hou op!'

In de middag kwamen de dieren bij elkaar op de open plek in het bos.

De krekel vroeg aan de olifant wat hij moest zijn als de olifant bij het dansen weer op zijn tenen trapte: 'Dankbaar? Opgetogen?'

De olifant keek hem onzeker aan en haalde zijn schouders op.

'Ik weet het niet,' zei hij. 'Gelukzalig misschien. Of beduusd.'

Niemand wist wat men in zo'n geval moest zijn.

'Ik ben verdrietig,' zei de spin, die wat opzij tussen twee takken van de rozenstruik hing.

'Ja, dát kan,' zei het nijlpaard. 'Dat kan je nog zijn. Net zo verdrietig als je maar wilt.'

Er verschenen donkere wolken voor de zon.

'Laten we knarsetanden en stampvoeten,' zei de buffel.

'Of onze gal spugen,' zei de wezel.

De dieren probeerden te knarsetanden, te stampvoeten en hun gal te spugen, maar ze wisten niet meer hoe dat moest.

Somber zaten ze bij elkaar.

'Ik vrees het ergste,' fluisterde de mier in het oor van de eekhoorn.

De eekhoorn knikte. Hij wist niet wat de mier bedoelde, maar hij wist wel dat de mier gelijk had.

Tegen de avond werd het koud en kropen de dieren dicht tegen elkaar aan.

De krekel sloeg daarbij zijn ene been over zijn andere been en trapte per ongeluk tegen de knie van de neushoorn.

'Au!' riep de neushoorn. 'Kijk uit!'

Het waren boze woorden.

Iedereen schrok en keek naar de neushoorn. Even was het stil. Toen begon iedereen te juichen. De boosheid was terug.

De olifant gaf zichzelf een enorme draai om zijn oren. 'Au!' riep hij. 'Die had ik nog te goed van mijzelf!' En de

tor riep woedend: 'Wacht maar...' tegen niemand in het bijzonder.

Iedereen ging weer naar huis en nam zich voor die nacht ergens verschrikkelijk boos over te worden.

'Vrees je nog het ergste?' vroeg de eekhoorn aan de mier toen ze door het schemerige bos liepen.

'Nee,' zei de mier. 'Ik vrees nog wel wat.' Hij fronste zijn wenkbrauwen en keek de eekhoorn van opzij aan. 'Maar niet meer het ergste.'

De eekhoorn knikte, probeerde iets te bedenken om boos over te worden en vroeg verder niets.

Inhoud

De verhalen in *Is er dan niemand boos?* maakten eerder deel uit van een bundel met dezelfde titel, die verscheen in 2002.

Eerste druk, 2014; tweede en derde druk, 2015; vierde en vijfde druk, 2016; zesde druk, 2018; zevende druk, 2019; achtste druk, 2021; negende druk, 2022

Omslag Monique Gelissen
Vormgeving binnenwerk Caroline Ancelot / Uitvoering Nederlandse editie Studio Cursief, Irma Hornman

ISBN 978 90 451 1688 4 / NUR 280

www.querido.nl